파랑 한 발채

파랑 한 발채

김 영 디카산문집

인간과문학사

● 시인의 말 ●

출렁거리는 문장 밖에
당신을 세워두고

혼자 돌아왔습니다.

당신은 나를 다시 불러낼 것이고
나도 당신에게 조금씩 곡진해져서

메리제인 구두를 사러 갈 것입니다.

차례

제1부

발채 - 12
굼뉘 - 14
난달 - 16
허허바다 - 18
제비부리댕기 - 20
흔들레판 - 22
저녁거미 - 24
찌 - 26
감풀 - 28
잔잔누비 - 30
여줄가리 - 32
섬마섬마 - 34
얌ㅁ, - 36
애채 - 38
눈콩게 발콩게 - 40
연흔 - 42
갈기 - 44
파랑 - 46
욜랑욜랑 - 48
나무말미 - 50

제2부

가늠자 - 54
묵정밭 - 56
궁싯거리다 - 58
이슬 한 방울 - 60
꽃물 - 62
親親 - 64
모래의 사랑법 - 66
드나든다 - 68
행과 간을 읽다 - 70
기슭 - 72
본향 - 74
잉크 - 76
수채화 - 78
의미 - 80
중심 - 82
와파 - 84
마중 간다 - 86
물띠 - 88
당신 떠난 자리 - 90
무한 증식 - 92

제3부

파장 - 96
고래 - 98
무심 - 100
홀가분 반 - 102
수구초심 - 104
별들의 정원 - 106
소성당小聖堂 - 108
거울 - 110
공부 - 112
의심 - 114
감성 은행 - 116
바다세탁소 - 118
부서지는 - 120
문턱 - 122
쓰다듬다 - 124
일단 차렷 - 126
고요 맛집 - 128
바다 시지프스 - 130
잠근 말 - 132
주문 - 134

제4부

물 위의 절 - 138
나란하다 - 140
무릎 악수 - 142
끝끝내 - 144
섬, 섬 - 146
책, 冊, 책, - 148
파견 근무 - 150
즐비하다 - 152
침묵 - 154
의도 없음 - 156
일렁이다 - 158
본적지 - 160
낙타 손님 - 162
까꾸리 - 164
모자 - 166
태피스트리 - 168
길을 건지다 - 170
금파 - 172
독립투사 - 174
평담 한 필 - 176

제1부

파랑 한 발채

발채

올레길을 걷다가 깃발 아래 섰습니다.
여기까지가 육지라고 말해주는 것일까요?
여기부터가 바다라고 알려주는 걸까요.
문득, 바다에는 누구도 깃발을 꽂을 수 없겠다고 생각합니다.
어떤 권력도, 어떤 명예도 바다와는 견줄 수도 없겠다고 생각합니다.

드넓은 바다를 한 발채 가뜬하게 업고 집으로 모셔옵니다.

파랑 한 발채

굼뉘

바람도 불지 않는데 저 혼자 일어나는 큰 파도를 '굼뉘'라고 합니다.
'굼뉘'라는 말을 들을 때마다 양양 바닷가 구석에서
첫사랑에게 보낸 마지막 편지가 생각납니다.

    오후 세 시야.
    바람은 불지 않아.
    나 혼자 괜히 훌쩍거리다가 기어이 둑을 넘어버리고 말았어.
    네가 온다는 기미도 없는데 새벽부터 두근거리며 야단이다가
    슬그머니 풀이 죽어 버리는
    오후 세 시야.

민박집 눅눅한 베갯잇을 쥐어뜯던 내 삶의 한 페이지에는
지금도 퀴퀴한 냄새가 삽니다.

파랑 한 발채

난달

길이 여러 갈래로 통한 곳을 '난달'이라고 합니다.
담장도, 성곽도, 심지어는 산맥도 비켜 가는 난달입니다.
수많은 갈래로 나뉘어 있어도 목적지는 해 뜨는 바다입니다.

이 난달에서 모든 바람은 비로소 안달을 그칩니다.
행여 이루지 못할까 봐 졸이던 마음을 여기서는 놓습니다.
행여 뒤처질까 봐 조급하게 굴던 걸음을 여기서는 잠시 멈춥니다.
그리고 생각합니다.
지금껏 흘러온 여러 생의 궁극은 어디일까요?
매번 방향을 잃고 휘몰아치는 내 생의 바다에서도 태양이 솟아오를까요?

파랑 한 발채

허허바다

끝없이 넓고 큰 바다를 허허바다라고 합니다.
바다가 넓고 큰 것은 아무것도 쌓아두지 않기 때문이지요.
내 마음에도 아무것도 쌓아두지 말아야겠습니다.
분노와 원망, 미움, 기쁨과 기대, 설렘까지 모두 다 바다처럼 꿀꺽 삼켜야겠습니다.
제 깜냥에 남에게 베풀었다는 생각까지도,
깡그리 허물어야 하겠습니다.
아무것도 쌓아두지 않는 모래도 허허바다와 친구입니다.

파랑 한 발채

제비부리댕기

모래는 파도 앞에서 속수무책, 속수무책 부서져 내립니다.
허망하게 쓸려나갈 삶이지만, 오늘은 굳세고 단단하게 마음을 다잡았네요.
모래알처럼 흩어진 마음을 그물코처럼 엮어 맵니다.
밤새 또록또록 땋아 내립니다.
마치 잘 땋은 누이의 긴 머리 같지요.
더는 물살에 쓸려나가지 말라고,
얼른 제비부리댕기를 매어주고 싶습니다.

파랑 한 발채

흔들레판

무르고 질퍽한 진펄을 '흔들레판'이라고 한답니다.
왠지 '흔들레판'이라는 말에 자꾸 눈길이 멈추었어요.
우리 생이 바다에 닿기 전에 반드시 건너야 할 곳이 있습니다.
'흔들레판'이라는 곳이지요. 진펄 혹은 진창을 건너야 하지요.
바다에 가는 사람들 발걸음이 이리저리 흔들려서 흔들레판이라고 했을까요?
이리저리 흔들려야 우뚝 선 삶의 지표를 겨우 발견할 수 있다는 말일까요?
오늘은 저 흔들레판을 엉금엉금 기어가서라도,
기어이 그대에게 닿고 싶습니다.

파랑 한 발채

저녁거미

저녁거미가 내리는 시간까지 당신 곁에 있습니다.
오늘 밤은 달이 오지 않네요.
당신에게 오는 사람들도 조금 더 어두운 듯합니다.
당신은 더 늡늡하게 출렁거릴 것 같습니다.

파랑 한 발채

찌

좋은 책을 읽을 때는 페이지마다 찌가 달립니다.
'찌'는 물고기가 낚시를 물었을 때 알려주는 신호기입니다.
책장에 붙이는 작은 종잇조각도 '찌'라고 합니다.
찌가 많이 붙은 책일수록 나를 깊은 생각의 바다로 이끈 책이겠지요.
마치 많은 신호를 보내는 찌가 많은 고기를 낚게 하는 것처럼요.
바다는 어느 페이지를 열어도
찌를 붙여두고 싶은 명작입니다.

파랑 한 발채

감풀

바다가 허락해야 볼 수 있는 곳이 있습니다.
썰물 때만 보이는 '감풀'이라는 모래벌판입니다.
어떤 감풀은 바다 생물에게 품을 내어주기도 하고,
어떤 감풀은 든바다에 떠 있는 섬을 육지에 데려다줄 수 있는
다리가 됩니다.

오래된 우정도 그렇습니다.
흥성거리던 물 다 빠지고 인생의 썰물에 들어서야,
비로소 진정한 친구를 알아볼 수 있습니다.
안쓰럽게 말라버린 손등을 서로 쓰다듬으며,
언제나 바다가 되어 주는 그런 친구를 비로소 알아볼 수 있습니다.

파랑 한 발채

잔잔누비

동생을 업어주던 누비포대기 같습니다.
어머니 누비 가방 같기도 하고요.
잔잔하게 누빈 바다 한 폭을 펼쳐놓은 모래밭은
바다의 말씀을 꼼꼼하게 받아쓴 학습장입니다.

파랑 한 발채

여줄가리

비행기를 타고 제주 바다를 건너오다가 한사코 손짓하는 물너울을 모셔왔습니다.
저렇게 넓은 바다가, 저렇게 많은 상처로 울먹이고 있는 줄 미처 몰랐습니다.
가까이서 보았을 때는 집채만 한 파도가
위에서 보았을 때는, 보푸라기처럼 자잘한 여줄가리들이었습니다.
바다도 상처 때문에 울먹이며 깊어지는구나.
서러운 내가 도리어 바다를 쓰담쓰담해주고 싶어졌습니다.

파랑 한 발채

섬마섬마

일어서는 법을 잊었습니다.
세상의 모든 연결고리에서 끊겨졌습니다.
그 흔한 알고리즘에서도 벗어났습니다. 육지에서 제외되었습니다.
사람들은 나를 섬이라고 부릅니다.

바다가 안개를 들추고는 홀로 떠도는 나를 일으켜 세웁니다.
장딴지에 힘줄이 돋도록 섬마섬마 해줍니다.
그렇게 나는 바다를 딛고 일어섭니다.

파랑 한 발채

얌.ㅁ,

'얌'은 바다의 히브리어입니다.
해변이 비스킷처럼 맛있게 익었습니다.
그래서 바다를 얌이라고 할까요?
갑자기 얌을 냠냠 먹고 싶어졌습니다.
바삭하게 구운 얌을 호주머니에 잔뜩 넣고는 바닷가의 카페로 들어왔습니다.
얌을 곁들인 커피는 유난히 맛있습니다.

파랑 한 발채

애채

나무에 새로 돋는 가지를 애채라고 합니다.

바다에도 애채가 있나 봅니다.

아직 한참은 더 퍼낼 것 같은 슬픔 하나가 바닷가에 새로 돋아납니다.

바다는 가만히 지켜볼 뿐입니다.

스스로 근육이 딴딴해지고, 품이 넓어질 때까지 바닷가에 붙잡아둡니다.

이것이 바다의 위로입니다.

파랑 한 발채

눈콩게 발콩게

바닷가에 모래로 지은 터전은 언제나 파도가 넘보는 생입니다.
모래는 밀려오는 파도에 맞설 힘이 하나도 없습니다.
무너뜨리면 무너지며 사는 것이 모래에 깃들인 목숨들의 생존 방식이지요.
엽낭게, 달랑게, 눈콩게, 발콩게, 도둑게, 갈게....
남들 눈에는 하찮아 보여도 그저 묵묵히 하루하루를 살아가는 거지요.

파랑 한 발채

연흔

부표인 듯도 하고 섬인 듯도 한 저 집,
바람으로 지어 꽃물결 위에 얹었습니다.
생각해보니 물결 위의 생이 아닌 것이 없습니다.
바람으로 짓지 않은 집도 없습니다.
그래서 사는 일은 자주자주 멀미가 납니다.

파랑 한 발재

갈기

바다도 거센 바람과 한 판 뜰 때는 하얀 갈기를 곤두세웁니다.
그런 날의 바다는 마치 순하디순한 백성이 마침내 일으켜 세우는 결기 같습니다.
바다 같은 백성이 갈기를 세우는 날엔,
어떤 어둠도, 어떤 부조리도 버텨낼 재간이 없습니다.

파랑 한 발채

파랑

사막은 수십억 년 전의 바다를 제 몸에 새기고 삽니다.
이번 생도 까마득한 전생의 파랑波浪과 함께 흘러갑니다.
몸을 바꾸어 태어나도 어딘가에 물결을 간직하고 살겠지요.
바다라고 부르는 곳만 바다가 아닙니다.
출렁이는 것은 모두 바다입니다.
그래서 모든 생은 바다에서 나오고 바다에 수납됩니다.
모든 감정은 바다를 따라 발산하고 바다에게 수렴됩니다.

파랑 한 발채

욜랑욜랑

바닷물이 모래밭에서 율랑거립니다.
멀리서 두 등대가 그런 바닷물을 지그시 내려다봅니다.
봄바람에 풀린 엄마의 치맛말이
가을바람에 홀린 아빠의 넥타이가
바다와 육지의 경계를 율랑율랑 넘나들고 있습니다.

파랑 한 발채

나무말미

나무말미는 장마 중에 날이 잠깐 개어서 풋나무를 말릴 만한 겨를을
말합니다.
그저 들떠서 무작정 달려가려는 나를 바다가 짭짤하게 얼간을 칩니다.
뭉근하게 졸이기도 합니다.
당신에게 가려고 오래 기다렸습니다.
말미를 놓치지 않으려고 얼간이 든 채로 한나절을 기다린 뒤에야,
바다가 나무말미만큼 길을 터주었습니다.
당신을 만나고 돌아오는 길,
나는 조금 더 무끈해진 내 풋사랑을 업고 왔습니다.

제2부

파랑 한 발채

가늠자

어디에도 머무르지 않는 이력으로,
언제고 멈추지 않는 내공으로,
바다는 저 두꺼운 어둠을 밤새 걸어왔다.
무게 없는 어둠이
지난밤, 나는 왜 그리 무거웠을까?

파랑 한 발채

묵정밭

오래도록 내버려 둔 묵정밭을 파도가 열심히 갈아엎습니다.
나도 파도를 따라 해묵은 감정을 바꿔 끼웁니다.
단단하기만 했던 신념들을 갈아 끼웁니다.
갈아 끼운다는 것은 쓰던 것을 버린다는 말입니다.
파도에 실려 보내는 나의 신념들이 보기 좋게 뒤집히며 멀찍이 물러납니다.
아집이라는 묵정밭을 갈아엎는 일, 참 가볍고 상쾌합니다.

| 파랑 한 발채 |

궁싯거리다

바다에 와서도 마음의 빗장을 확 열어젖히지 못하고,
궁싯거리다 돌아서는 것을 알아챘을까요?
오늘은 날개를 접은 갈매기 한 마리가 나를 따라 맴을 돕니다,
나와 새의 발자국이 나란합니다.
나와 함께 모래밭을 거닐던 당신 생각에,
돌아오는 길이 한참이나 짧아졌습니다.

파랑 한 발채

이슬 한 방울

이슬이 풀잎 끝에 맺혔습니다.
아침 햇살이 작은 이슬방울을 비춥니다.
저 이슬방울이 힘을 얻어 바다에 닿는 시간은 얼마나 걸릴까요?
자신만의 바다에 닿은 사람들은 얼마나 먼 길을 걸어왔을까요?
나는 얼마나 더 걸어야 그대 안에 닻을 내릴까요?

파랑 한 발채

꽃물

환하게 굽이치던 첫사랑을 한 켜 한 켜 박제해서 간직합니다.
추억은 다 밭았어도,
그대에게로 굽이치는 마음은 시도 때도 없이 활짝 피어,
자꾸 그대 쪽으로 꽃물 번집니다.
이 꽃물 큰물 져서 그대와 나 사이의 둑을 허물어버리면 좋겠습니다.
다시 그대를 사랑할 시간이 온다면,
다시 그대를 볼 수 있다면 이제는 주저하지 않겠습니다.
오직 그대만을 향해 거침없이 나아갈 것입니다.

파랑 한 발채

親親

나무 위에 올라서서 손차양하고 멀리 바라보는 상형에서 나온 글자라지요.
'친할 친, 사랑할 친'
오늘 바다는 구름이 되어 연분홍 치마를 차려입었어요.
혼자서 산마루에 올라 손갓을 이맛전에 붙였어요.

   당신과 나는 친했나요?
   우린 서로 사랑했나요?
   서로에게 친친, 감겼나요?

| 파랑 한 발짝 |

모래의 사랑법

본디 사막 태생인 모래는 함박눈을 모릅니다.
먼 북극의 나라를 다녀오는 파도는 함박눈을 가득 싣고 모래에게 달려옵니다.
먼 길 오는 동안 함박눈 다 녹아버리고,
사락사락 함박눈 지르밟는 소리만 가져왔습니다.
모래는 함박눈 소리를 한 소절도 빠짐없이 따라 부릅니다.
그게 파도와 모래의 사랑법입니다.

파랑 한 발채

드나든다

칼끝 같은 서릿발 안에는 너울지던 바다가 들어있습니다.
너울지던 바다 안에는 냉담한 서릿발도 들어있습니다.
세상에 혼자 존재하는 것은 없습니다.
밀물에는 썰물도 들어있고,
미움에는 사랑도 들어있고,
그리움에는 외로움도 들어있지요.

너도 내 안에, 나도 네 안에,
무시로 드나들며 얼다 녹다 하는 거지요.

파랑 한 발채

행과 간을 읽다

아침햇살이 유려한 문장을 바다 위에 펼쳐놓습니다.
아침 바다를 감상하는 일은 햇살의 전언을 읽는 일입니다.
햇살의 전언을 읽는 일은 물결의 행을 읽는 일입니다.
행과 행 사이의 간을 읽는 일입니다.
나의 일생은 당신 말씀과 당신 침묵의 사이,
행과 간을 읽는 일입니다.

파랑 한 발채

기슭

내게로 밀물져 오던 당신과
내게서 썰물 져 가던 당신은 너무도 똑같았습니다.
울렁이며 당신을 고대하던 나는,
오지 않는 당신의 기슭이 되고 말았습니다
사랑 앞에 출렁거리지 않을 가슴은 어디에도 없습니다.
그러니,
모든 사랑은 점차 기슭이 될 수밖에 없겠지요?

파랑 한 밭채

본향

연어는 마지막 한 점까지도 바다인가 봅니다.
노을을 놓치지 않은 일엽편주들의 살점이 붉습니다.
저미는 이별을 하고도 당신을 보내지 못했습니다.
내 슬픔, 아직 선연히 붉습니다.

파랑 한 발채

잉크

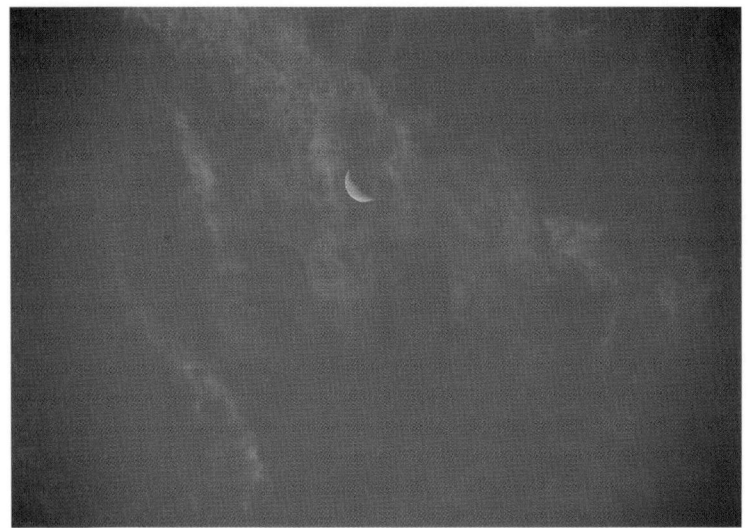

바다라고 쓰고 하늘이라고 읽는 날들이 많아졌습니다.
너무 멀리 있거나 너무 광대한 것들은 푸른 잉크 같습니다.
하늘은 너무 멀어서, 그리고 바다는 너무 넓어서 잉크 빛입니다.
내게서 너무 멀리 가 있는 당신을 잉크로 쓰는 밤입니다.
달이 빛을 잃어가는 새벽에도 진한 잉크는 한참 남았습니다.

파랑 한 발채

수채화

카메라 눈을 당신에게 고정해 두고 시를 읽습니다.
시를 읽는 동안,
내게 밀려오던 당신의 발자국은 그림이 됩니다.
당신만 바라보는 나와
내게 밀물지는 당신이 함께 그린 수채화 한 폭입니다.

파랑 한 발채

의미

바닷가에 뿌리 내린 느티나무 두 그루는,
오랜 시간을 걸어 서로에게 닿았습니다.
내 목숨의 의미는 그대 곁에 서는 일,
온 마음을 벌어 그대에게 건너가는 일,
그대와 조금 더 인연이 깊어진다면,
이것만으로도 충분한 한 생입니다.

파랑 한 발채

중심

둥글둥글하다는 말은 중심이 따로 없다는 말입니다.
딱히 한 편을 들지 않는다는 말입니다.
어디고 점을 찍으면 중심이 되지요.
그래서 변방도 따로 없습니다.
모서리도 없습니다. 구석도 없지요.
바다의 마음이라는 것은 누구나 중심이 된다는 말입니다.
어디나 중앙이 된다는 말입니다.
오늘은 저 작은 배 한 척이 우주의 중심입니다.

| 파랑 한 발채 |

와파

84

카페에 앉아서 바다를 봅니다.
가로막은 유리창 때문에 나는 당신 소리를 들을 수 없습니다.
당신도 나를 만져볼 수 없습니다.
안타까운지 카페 천장의 조명이 와이파이를 켜줍니다.
얼른 당신에게 접속합니다.
당신도 와이파이를 켜고 내게 오라고 속삭입니다.
'와이파이' 줄임말이 '와파'라지요,
나는 카페 유리창을 통해 파도와 속삭이는 내내,
'와라, 파도'의 줄임말로 사용합니다

파랑 한 발채

마중 간다

할머니는 신발을 급히 신으신다.
신발이 할머니 발에 착! 달라붙었다고 해야 맞다.
옥색 치마가 반은 뒤집히고 반은 출렁거린다.
치마 뒤집혀 속속곳 하얗게 물너울 이는 줄도 모르고,
한쪽으로 기울어진 할머니 허둥지둥 달리신다.
'허둥'에 허공이 한쪽으로 기울었다 일어나고,
'지둥'에 땅을 울리며 할머니 뛰어가신다.
군대 갔던 첫 손자, 첫 휴가 나온단다.

파랑 한 밭재

물띠

배 지나간 자리에 물띠가 일어납니다.
물띠는 아무것도 맬 수 없고 아무도 매어둘 수 없습니다.

당신이 지나간 마음엔 당신이 떠나던 길이 선명합니다.
걸어도 걸어도 당신에게 갈 수 없는 길입니다.
기다려도 기다려도 당신이 내게 오지 않는 길입니다.

| 파랑 한 발채 |

당신 떠난 자리

시나브로 당신은 떠났습니다.
당신이 썰물처럼 내게서 빠져나가는 줄도 모르고 있었습니다.
당신 머물다 떠난 자리를 차마 들추어보고 싶지 않습니다.
당신이 떠난 시간 켜켜이 습기가 잠복해있습니다.
당신 빠져나간 자리가 불 먹은 듯 화끈거립니다.
탱탱했던 젊음은 어둠이 깊이 파먹어서 곧 바스러질 듯합니다.

파랑 한 발채

무한 증식

바다는 파문의 너비를 계산하고 잔물결을 일으켰을까요?

그대와 헤어진 후 그리움의 너비를 계산하지 않은 실수로,
걷잡을 수 없는 소용돌이에 휘말립니다.
그런데도 내 그리움은 무한 증식 중입니다.
태평양과 인도양이 온통 그리움 하나로 일렁이고,
아프리카의 얼룩말도 그리움으로 온몸이 출렁거립니다.
이 출렁거림,
아무리 갈무리해도 곧 그대에게까지 번질 것 같습니다.
아! 부끄럽습니다.

제3부

파랑 한 발채

파장

나무와 대지와 바다가 한 몸이 되는 순간,
아니 바다가 온 천지를 다 감싸 안는 순간에만 들리는 잠언이 있습니다.
세상의 모든 물상이 팔짱을 풀고,
바다도 손깍지를 풀고, 서로에게 스미는 은밀한 시간에만 그 잠언을 들을 수 있습니다.
마치 에로스가 깍짓손을 푼 순간,
활시위를 떠난 화살이 바르르 떨며 번지는 파장같이,
내게도 사랑이 번져오는 순간입니다.

파랑 한 발재

고래

해 질 무렵 고래들은 내 발치에 엎드려 등을 내어줍니다.
나는 고래 등에 올라타,
밤 내내 또 다른 세상을 누비다 옵니다.
동틀 무렵,
고래는 나를 지상의 바닷가에 내려주고는,
갯벌인 척 한낮을 지냅니다.
사람들 몰래 경작하는 고요가
말랑말랑하니 참 좋습니다.

파랑 한 발채

무심

고래를 보러 왔습니다.
내게 눈길도 주지 않는 바다, 온종일 나를 혼자 두는 수평선을 좋아합니다.
부드럽게 발등을 토닥이는 잔물결을 좋아합니다.
구태여 묻지 않고, 구태여 생색내지 않고,
가끔 고래 두어 마리를 보내주는 바다가 나는 좋습니다.
그런 고래를 무심히 바라보다가,
그렇게 무심한 나를 발견하는 순간을 나는 좋아합니다

| 파랑 한 발채 |

홀가분 반

체념 반 홀가분 반이 떴습니다.
환하고 꽉 찼던 기대는 울먹이다가 허리가 굽었습니다.
희고 곱던 사랑은 몇 번씩 떠났다 돌아오기도 했습니다.
그때마다 나는 울컥울컥 멀리 떠난 사랑을 기다릴 뿐이었습니다.
검은 바다 위에 달이 떴습니다.
'울먹'과 '울컥'이 바다의 염도를 더 높였습니다.
사랑은 짐짓 흘려보내는 것이라고 당신은 말했습니다.

파랑 한 발채

수구초심

그대를 사랑하고 그리워하는 일이 내 생의 전부일까요?
속 다 털리고, 머리 다 비워지고, 매운바람에 쓰린 생을 다시 읽어도,
다음 생에도 당신 안에서 태어나는 일이 나의 소원입니다.

파랑 한 발채

별들의 정원

밤은 어둠이 우리를 덮는 시간입니다.
우주 절반이 까맣게 묶이는 시간입니다.
밤새 어둠과 싸운 바다는 윤슬을 바다 한가득 풀어놓습니다.
환한 새벽이 그렇게 우리 곁에 옵니다.

파랑 한 발채

소성당 小聖堂

디디는 발자국마다 울컥울컥 짠물이 고입니다.
어지러운 발자국이 부끄럽습니다.
이럴 땐, 나만의 성소를 찾아 들어갑니다.
혼자 들어가 앉으면 꽉 차는
어둠이 깃든 집입니다.
진펄에 무릎 꿇고 고요에게 먹힐 때까지 묵상합니다.

파랑 한 발채

거울

지구 이쪽과 지구 저쪽은 하나의 태양이 사는 곳입니다.
이쪽에서 장엄하게 져야 저쪽에서 숭고하게 뜹니다.
바다는 태양의 이쪽과 저쪽에 놓인 거울일지도 모릅니다.
삶도 마찬가지입니다.
이생이든 전생이든 하나의 내가 사는 것이지요.
지금의 나는 전생의 나의 반영이라고 합니다.
또 지금의 나는 다음 생의 나를 만드는 과정이라고 합니다.
바다가 우리의 이쪽과 저쪽 사이에 놓인 거울일 것만 같습니다.

파랑 한 발채

공부

널 기다린다. 바위가 되어 하염없다.
멀리 다녀오는 바람이 너의 글줄을 가지고 올 것만 같다.
밤을 건너온 저 태양이 네 옷자락을 끌고 올 것만 같다.
나는 잠시 휘청한다.
한낮의 태양은 서쪽으로 들어가 문을 걸었다.
소금에 절인 마음 한 조각을 조각배에 실어서 보낸다.
타박하지 말고 받아주시라.
사랑을 경영하는 일에는 아직 서투르기 짝이 없지만,
마음을 갈무리하는 일에는 그래도 일머리가 좀 트여간다.
밤새 바다에게 배운 공부다.

파랑 한 발채

의심

지금은 세상의 가장 낮은 곳에 존재하는 바다지만,
바다의 고향이 한라산이라는 말을 들었습니다.
한때는 하늘의 은하수와 손잡고 놀았다는 말도 들었습니다.
새벽부터 바다의 고향을 확인하러 한라산에 올랐습니다.
참말로 바다 발자국이 거기 남아있었습니다.
파도를 믿지 않고 바다를 의심한 죗값으로,
나는 발톱 세 개를 한라산에 바쳤습니다.

파랑 한 발채

감성 은행

저 등대는 바다 입구에 떡 버티고 선 자동인출기 같습니다.
바다 365코너에서는 저축하지 않은 감성도 날마다 인출이 가능합니다.
일일 인출 한도도 없고 평생 인출 한도도 없습니다.
바다는 언제든 무진장 꺼내쓸 수 있는 나만의 감성 은행입니다.

파랑 한 발채

바다세탁소

바다 앞에 서면 먼저 마음을 꺼내 수평선에 걸어둡니다.
내 마음의 굴절들을 바람이 일일이 바다에 펼쳐놓습니다.
쭈글쭈글했던 나를 버리고 판판하게 다린 나를 다시 찾아서 집으로
돌아옵니다.

파랑 한 발채

부서지는

파도가 원망과 분노와 판단을 나노 단위로 갈라서 부숩니다.
휘몰아치는 파도를 보는 일은 부서지는 나를 보는 일입니다.
부서지는 내 아집과 인식과 지식을 보는 일입니다.
부서지는 나도 후련해집니다.

파랑 한 발채

문턱

새벽에 만달고비 사구에 올라갔습니다.
만달고비는 사막이 초원으로 바뀌기 시작하는 곳입니다.
초원이 사막으로 넘어가는 문턱도 되겠지요.

제가 앉아있는 곳은 육지와 허공의 경계입니다.
새벽은 밤과 낮의 경계지요.
그리고 제 마음은 고요와 번잡의 문턱에 앉아있습니다.

바람이 모래를 쓰다듬을 때마다 사막이 바다의 결을 새기는 것도,
바람이 수평선을 건너올 때마다 바다를 모래사장에 데려다 놓는 것도,
사막과 바다가 원래 같은 문턱을 쓰고 있기 때문입니다.

땅과 하늘, 낮과 밤, 초원과 사막, 고요와 번잡의 경계는
선도 없고, 담도 없고, 성은 더더욱 없고, 파수꾼도 없습니다.
경계는 마음이 만든 문턱입니다.

| 파랑 한 밭재 |

쓰다듬다

모서리를 쓰다듬으면 둥근 마음이 나타납니다.
구석을 쓰다듬으면 접힌 마음이 펼쳐집니다.
어둠을 쓰다듬으면 미명이 부드러이 번져옵니다.
딱딱한 돌을 쓰다듬으면 부드러운 모래가 됩니다.
검은 마음을 쓰다듬으면 조금씩 밝아집니다.
울음을 쓰다듬으면 어떻게 바뀔까요?

파랑 한 발채

일단 차렷

높은 곳에 오르려면 계단을 이용합니다.
낮은 곳으로 내려설 때도 계단을 이용합니다.
위대해 보이기만 하는 바다도 모래밭으로 이동할 때는 계단을 이용합니다.
물론 모래밭을 떠나 바다로 갈 때도 계단을 이용합니다.
그러나 파도가 만든 계단은 맘만 먹으면 언제고 허물어뜨릴 수 있습니다.
그래서 바닷가에서는 일단 차렷하고 기다려야 합니다.
바다로 건너는 계단을 파도가 만들어 줄 때까지,
그 계단을 앞에서 마음이 수평선처럼 평온해질 때까지,
차렷하고 서서 기다려야 합니다.

파랑 한 발채

고요 맛집

물이랑이 서로 부딪쳐 일어나는 파도 소리는 야단스럽고 걸걸합니다.
기름 넉넉히 두른 파전 익어가는 소리입니다.
막걸리 한잔 걸친 아버지 목소리입니다.
'문패도 번지수도'를 낡은 양철 대문이 부릅니다.

이런 날 파도 소리는 바닷가 모든 골목길을 들었다 놓았다 합니다.
골목이란 골목은 모두 어깨를 들썩이고,
골목에 깃을 들인 모든 집들이 제 귀를 바다 쪽으로 길게 늘입니다.
마을 사람들도 덩달아 귀를 활짝 엽니다.
그냥 그렇게 고요해집니다.

파랑 한 발채

바다 시지프스

당신은 하루에도 몇 번씩 굴러떨어지는 나의 마음입니다.
치즈 나이프처럼 깔축없는 수평선에 시를 쓰는 당신은
쉬지 않고 물마루를 만들어 올리지만,
바다에서 파도의 일이란
언제고, 어느 자리고 미련 없이 무너지는 일.
굴러떨어질 줄 뻔히 알면서도 생의 등짐을 다시 추스르는 일.
무겁다고 불만하지 않고, 부질없다고 포기하지 않고
묵묵히 그어보는 획입니다.

파랑 한 발채

잠근 말

지는 해가 바다에 커다란 자물쇠를 달았습니다.
파도의 말은 바다에 잠긴 말이 되었습니다.
아니 태양이 잠근 말이 되었습니다.
오늘의 갈증까지 잠겼습니다.
더는 소리가 없으나, 더 많은 뜻이 담겨있습니다.
바다에는 잠언이라고 하는 잠긴 말과 잠근 말이 매일 넘쳐납니다.

파랑 한 발채

주문

파도 소리는 다른 생을 부르는 주문입니다.

빌딩 숲에서, 포장된 거리에서, 속도를 놓치는 일이 허다합니다. 이빨을 드러내고 아등바등하던 시간을 마음 안에 동결건조해 두었습니다.
오늘은 동결건조했던 분노를 꺼내어 당신 앞에 내놓습니다.
내가 삶에게 져서 헛발질할 때마다
당신은 어느새 내 안에서 자가 증식自家 增殖하는 단 하나의 치료약입니다.

제4부

파랑 한 발채

물 위의 절

돌멩이 하나 물 위에 가부좌하고 있어요.
정진 중인 돌멩이를 물결이 빙 둘러 동그란 절 한 채를 지었어요.
언제든 허물 수 있고, 언제든 넓힐 수 있는 절이에요.
경계를 짓는 것은 공부가 아니래요.
무언가 남기려는 것은 정진이 아니래요.
집착하지 않고 흐르는 대로 흘려보내는 것이 공부래요.
별들이 멀리에서부터 몰려와
돌멩이 앞에 정좌하네요.
나도 발끝을 가지런히 모읍니다.

파랑 한 발채

나란하다

친구 보다 솟는 사람, 요란하게 치장한 말솜씨, 현란한 수사를 가진 문장,
이런 것들을 바다는 키우지 않습니다.
가지런하고, 나란하고, 모나지 않은 바다에는 정원사가 필요 없습니다.

세상에 치이고 멀미 앓는 사람들이 바다를 찾는 이유도 이 때문입니다.
여기서는 수직으로 평가되는 항목이 없습니다.
누가 더 높은지, 누가 더 잘 꾸몄는지 따위는 아무런 필요가 없습니다.
그래서 세상에서 제일 높다는 하늘도 기꺼이 바다에 내려오는 거지요.
높거나 낮다는 것은 상대와 나를 견주었기 때문이지요.
우리는 존재 자체로 이미 소중하고 귀합니다.

누구와 견주어서 내 존재 가치를 결정할 수 없습니다.
나는 나입니다.

파랑 한 발채

무릎 악수

사람끼리는 각자 한 손을 내밀어 마주 잡고 악수합니다.
바다의 깊이를 모르는 사람과 사람의 수영 실력을 모르는 바다는,
서로에게 무릎 높이의 악수를 청합니다.
무릎까지 담가보면 바다는 사람의 힘을,
사람은 바다의 힘을 알 수 있습니다.
저 바다에 더 들어갈지 아니면 되돌아서 육지로 나갈지를,
무릎 높이에서 결정해야 합니다.

파랑 한 발채

끝끝내

깊은 산속에 은거하는데도 나무엔 바다의 물결이 또렷합니다.
나는 왜 나무 의자를 보면서 어머니가 생각났을까요?
돌아가실 즈음에는 온몸의 물기가 바싹 말라서,
어머니를 조금만 세게 안아드려도 바스러질 것 같았습니다.
바다가 되겠다고 어머니 곁을 떠난 나는,
어머니를 차마 안지도 못한 채 울먹일 뿐이었습니다.
어머니가 평생 자식에게 밀물졌듯이,
나무도 끝끝내 바다의 지문을 놓지 않는가 봅니다.

| 파랑 한 발채 |

섬, 섬

장생포 바다에서 고래를 만났습니다.
출렁거리는 파도 위에서 무언가가 반짝하고 빛나는 순간 고래 떼가 찾아온 것입니다.

섬섬하다는 말이 생각났습니다.
번개처럼 순식간에 나타났다 사라지는 상태를 말합니다.
그래서 '섬閃'이라는 단어에는 '언뜻 보인다'라는 말이 함께 들어있습니다.
바다에 떠 있는 '섬島'도 '섬閃'일지도 모릅니다.

파랑 한 밤채

책, 冊, 책,

몇 번을 다시 태어난다 해도, 당신 품이 아니라면
이렇게 황홀하게 타오를 수 있겠습니까?

파랑 한 발채

파견 근무

산골에는 바다가 없습니다.

산골에 파견 나온 바다는 산비탈에 파도를 옮겨 심었습니다.

바람이 산골짜기에 와서 파도와 한바탕 넘실거립니다.

산골 사는 파도에게 노란 치마를 지어 입혔습니다.

파도가 일군 다랑논이지만 올 농사 대풍입니다.

| 파랑 한 발채 |

즐비하다

가을 바닷가에서는 작은 토굴을 지은 조가비들을 볼 수 있습니다.
사랑과 열망 거기에 허무와 실망까지 얌전히 가부좌했습니다.
톱날 같은 모래 위에 혈기 방장하던 제 생을
간당간당 올려놓고 다시 되돌아보는 것이겠지요.
저 모래톱 어디쯤 나도 작은 토굴을 짓고 가만히 앉았습니다.
겹겹의 생이 바다를 향해갑니다.
櫛즐에는 '가지런하다'와 '빗질하다'라는 말과,
'타다가 남은 초'라는 말이 같이 들어있습니다.
모래톱에 즐비한 가부좌들은 지금 타다가 남은 초입니다.

파랑 한 발채

침묵

하루를 다 걷고 나면 무엇이 남을까요?
굽은 어깨를 종일 추스르던 산등성이도 바다에 등을 대고 누웠습니다.
뜨겁게 타올랐던 태양도 수평선을 열고 내일로 들어갑니다.
여린 날개를 바삐 움직였을 새들도 집으로 돌아갑니다.
온종일 칭얼대던 파도도 스르르 잠이 드는 시간입니다.
이젠 침묵의 시간입니다.
침묵은 가장 찬란한 말이라는 것을 바다에서 다시 배웁니다.

파랑 한 발채

의도 없음

작은 게들이 갯벌을 경작한 흔적이 꽃으로 피어납니다.
그저 먹고 사는 일에 집중했을 뿐,
의도하지 않았는데 꽃으로 활짝 피었습니다.
우리 삶도 의도하지 않았어도 꽃이 되고,
잊고 사는 동안에도 활짝 피어날까요?
꿀벌이 꽃 속을 열심히 들락거렸을 뿐인데,
열매가 맺고 익어가는 것처럼요.

파랑 한 발채

일렁이다

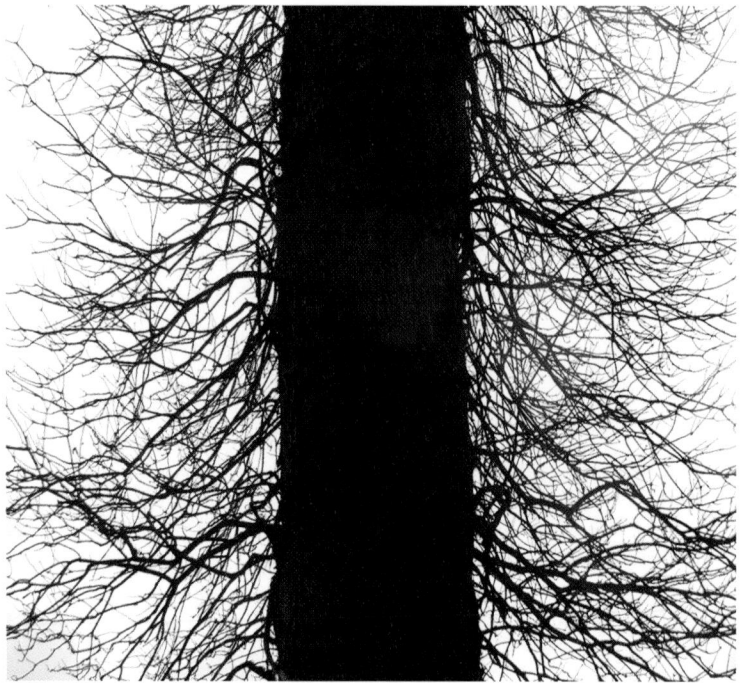

오래된 나무가 키우는 가지들은 일렁이며 자랍니다.
같은 공간을 차지하고 있어도 직선보다는 곡선이 더 길게 갑니다.
구불거리는 생이 더 많은 것을 품습니다.
부드러운 것은 모두 굽어있지요.
그래서 구불거리는 가지를 많이 키워야 거목이 됩니다.

구불거리는 것은 일렁이는 것입니다.
일렁이며 멀미를 앓아도 기어이 바다에 닿는 것입니다.
그것이 유장함이지요.

유장하다와 유려하다는 말속에는 '구불거린다'와 '일렁인다'가 손잡고 있습니다

파랑 한 발채

본적지

어디서부터 바다라고 부를 수 있을까요.

어디까지를 하늘이라고 말할 수 있을까요.

하늘에 뜬 구름은 무엇일까요. 바다와 하늘은 둘일까요 하나일까요.

하늘과 바다가 같은 본적지를 쓰는군요.

서로가 서로의 시작이고 끝이라는 것을 바다와 하늘은 언제부터

알았을까요?

파랑 한 발채

낙타 손님

사막이 바다였고, 바다가 사막이었다는 말을 자주 들었지요.
오늘 남해 한 귀퉁이에 와서 파도를 잡숫는 낙타를 만납습니다.
정말이지 저 바다가 사막이지 싶었어요.
가끔 오시는 손님을 위해 바다가 가시풀을 잔뜩 차려 놓았더군요.
낙타 손님이 바다를 맛있게 잡숫는 동안 해무는 손님을 살짝 가려 주었어요.
사람들의 호기심에 방해받지 않고 낙타는 그 많은 파도를 배불리 먹었습니다.
바다는 다시 어제처럼 말짱하게 맑아졌지요.

파랑 한 발채

까꾸리

파도가 치는 날이면 바닷속의 미역이 해안으로 밀려옵니다.
마을 사람은 긴 장대 끝에 나무토막 하나를 동여맵니다.
장대와 어긋매끼로 꽁꽁 동여맵니다.
이것을 '까꾸리'라고 한다네요.

마을 사람들은 까꾸리로 미역을 건져 올려 생계를 이어나갑니다.
까꾸리 어업은 주로 혼자 사는 아낙이나 나이 드신 어부들의 몫이랍니다.
바다에 나가기 어려운 사람을 위해 파도가 실어다 주는 가난한 사람들의 바다 양식이랍니다.

갑자기 파도의 등을 쓰다듬어주고 싶어졌습니다.
모래사장을 걷는 내내 발밑을 자꾸 살피게 됩니다.

파랑 한 발채

모자

갈매기들의 놀이터에 순희가 놀러 왔습니다.
  - 같이 놀자, 나도 날개가 있단다
양팔을 한껏 벌리고 갈매기들에게 다가갑니다.
  - 싫어, 우린 모자 쓰는 것 좋아하지 않아

뼛속까지 다 비운 새들은 어느 곳이나 날아갈 수 있습니다.
사람은 아무리 활개를 쳐도 날아갈 수 없습니다.
사람이 날 수 없는 이유가 활개에 실리는 무게를 감당할 수 없기 때문이라고 생각하지요.
그러나 갈매기들은 순희에게 사람이 날 수 없는 진짜 이유를 말해 줍니다.
  - 너희들은 머리에 관을 쓰는 것 좋아하잖아?
벼슬이나 명예를 좋아하면 절대 저 넓은 하늘로 날아오를 수 없어.

파랑한 발채

태피스트리

바다에 부는 바람은 어정잡이입니다.
바다와 함께 살면서도 걸핏하면 파도를 일으켜,
바다의 속을 다 뒤집어 놓거나 영문도 없이 수평선 밖에서 잠을 자느라,
바다를 잊기도 합니다.

그런 날이면 나는 막막한 바다 한가운데 조각배를 띄웁니다.
때로는 바다가 사람의 위로를 받기도 합니다.
햇빛도 바다를 반짝이게 치장해줍니다.

바다와 사람과 햇빛이 짜는 태피스트리 한 점이 됩니다.
한 자락 잘라서 가져옵니다.
그리고는 도시가 보이는 아파트 통창에 이 태피스트리를 걸어둡니다.

밤새 바다와 내가 함께 두근거립니다.
바다가 묻혀온 짭짤한 기미와 내가 간직하던 비릿한 기척이 함께 밤새 울렁거립니다.

파랑 한 발채

길을 건지다

세상에서 밀려나 섬이 되어가는 남자가 바다에 낚싯대를 드리웁니다.
남자는 섬과 섬을 연결하는 길을 낚고 있습니다.
망망한 바다에서는 길이 잘 보이지 않습니다.
오래지 않아 바다가 길 하나를 내어줄 것입니다.
그렇게 섬과 섬이 서로 손잡고 섬이 섬을 토닥이며,
삶의 바다에서 길을 찾을 것입니다.

파랑 한 발채

금파

햇살을 만난 물결이 금빛 파도로 번집니다.
우리도 서로에게 저리 황홀하게 번질 수 있을까요?

비록 짧은 동안이라도 당신과 나,
생의 난바다를 환히 밝혀볼 수 있을까요?

파랑 한 발채

독립투사

이미 죽은 파도 위에 다시 태어난 새 물결이 밀려옵니다.
새 물결은 어제 죽은 파도와 같은 자리에서 같은 자세로 스러집니다.

물보라를 메밀꽃이라 한다지요?
메밀꽃이 활짝 피었다는 것은 죽음과 손잡았다는 말일까요?

오래 사는 자갈돌이 파도의 짧은 생을 자갈자갈 웃어도,
어제의 파도를 따라 꽃답게 스러져 가는,
오늘 저 파랑波浪은 찬란하기만 합니다.

| 파랑 한 발채 |

평담 한 필

변산 앞바다는 파도 사이에 누에 한 마리를 칩니다.
사각사각 파도를 갉아먹은 누에는 바다를 비단처럼 곱게 엮습니다
산뜻하고 고요한 물결만 골라 엮어,
오늘은 평담平淡 한 필을 주욱 내걸었습니다

김 영 디카산문집

파랑 한 발채

인쇄 | 2025년 5월 2일
발행 | 2025년 5월 5일

지은이 | 김 영
펴낸이 | 서 정 환
펴낸곳 | 인간과문학사
주　소 | 서울특별시 종로구 삼일대로 30길 21, 종로오피스텔 809호
전　화 | 02)747-5874, 063)275-4000
등　록 | 제300-2013-10호
E-mail | sina321@hanmail.net

* 저자와 협의하여 인지는 생략합니다.
* 잘못된 책은 바꿔 드립니다.

ISBN 979-11-6084-250-0 03810
값 15,000원

Printed in KOREA

*전북특별자치도 문화관광재단 2025문화예술육성지원사업을 받았습니다.